FAMILY COOKBOOK

A collection of the _____ family recipes passed on through generations.

Recipes from:
_____
_____
_____
_____
_____
_____
_____
_____
_____
_____
_____
_____
_____
_____
_____
_____
_____
_____
_____
_____

Recipe _____ By _____

🍽 Serves___   ⏰ Cooking Time___:___   👨‍🍳 Difficulty____

🥑 Ingredients:
_____
_____
_____
_____
_____
_____

🍽 Method:
_____
_____
_____
_____
_____
_____
_____
_____
_____
_____
_____

💡 Memories:
_____
_____
_____

Recipe _____ By _____

🍽 Serves ___ ⏰ Cooking Time ___:___ 👨‍🍳 Difficulty ___

🥑 Ingredients:
_____
_____
_____
_____
_____

🍽 Method:
_____
_____
_____
_____
_____
_____
_____
_____
_____
_____

💡 Memories:
_____
_____
_____

Recipe _____ By _____

🍽 Serves ___ ⏰ Cooking Time ___ : ___ 👨‍🍳 Difficulty ___

🥑 Ingredients:
_____
_____
_____
_____
_____

🍽 Method:
_____
_____
_____
_____
_____
_____
_____
_____
_____
_____

💡 Memories:
_____
_____
_____

Recipe _____ By _____

🍽 Serves ___ ⏰ Cooking Time ___ : ___ 👨‍🍳 Difficulty ___

🥑 Ingredients:
_____
_____
_____
_____
_____
_____

🍽 Method:
_____
_____
_____
_____
_____
_____
_____
_____
_____
_____

💡 Memories:
_____
_____
_____

Recipe _____ By _____

Serves ___ Cooking Time ___ : ___ Difficulty ____

Ingredients:
_____
_____
_____
_____
_____
_____

Method:
_____
_____
_____
_____
_____
_____
_____
_____
_____
_____

Memories:
_____
_____
_____

Recipe _____ By _____

🍽 Serves___ ⏰ Cooking Time___:___ 👨‍🍳 Difficulty____

🥑 Ingredients:
_____
_____
_____
_____
_____

🍽 Method:
_____
_____
_____
_____
_____
_____
_____
_____
_____

💡 Memories:
_____
_____
_____

Recipe _____ By _____

🍽 Serves ___ ⏰ Cooking Time ___:___ 👨‍🍳 Difficulty ___

🥑 Ingredients:
_____
_____
_____
_____
_____
_____

🍽 Method:
_____
_____
_____
_____
_____
_____
_____
_____
_____
_____

💡 Memories:
_____
_____
_____

Recipe _____ By _____

🍽 Serves ___   ⏰ Cooking Time ___ : ___   👨‍🍳 Difficulty ___

🥑 Ingredients:
_____
_____
_____
_____
_____
_____

🍽 Method:
_____
_____
_____
_____
_____
_____
_____
_____
_____
_____

💡 Memories:
_____
_____
_____

Recipe _____ By _____

🍽 Serves ___   ⏰ Cooking Time ___ : ___   👨‍🍳 Difficulty ___

🥑 Ingredients:
_____
_____
_____
_____
_____
_____

🍽 Method:
_____
_____
_____
_____
_____
_____
_____
_____
_____
_____
_____

💡 Memories:
_____
_____
_____

Recipe _____ By _____

🍽 Serves __ ⏰ Cooking Time __:__ 👨‍🍳 Difficulty ____

🥑 Ingredients:
_____
_____
_____
_____
_____
_____

🍽 Method:
_____
_____
_____
_____
_____
_____
_____
_____
_____
_____
_____
_____

💡 Memories:
_____
_____
_____

Recipe _____ By _____

🍽 Serves___ ⏰ Cooking Time___:___ 👨‍🍳 Difficulty____

🥑 Ingredients:
_____
_____
_____
_____
_____
_____

🍽 Method:
_____
_____
_____
_____
_____
_____
_____
_____
_____
_____
_____

💡 Memories:
_____
_____
_____

Recipe _____ By _____

Serves ___ Cooking Time ___ : ___ Difficulty ____

Ingredients:
_____
_____
_____
_____
_____

Method:
_____
_____
_____
_____
_____
_____
_____
_____
_____
_____

Memories:
_____
_____
_____

Recipe _____ By _____

Serves ___   Cooking Time ___ : ___   Difficulty ___

Ingredients:
_____
_____
_____
_____
_____
_____

Method:
_____
_____
_____
_____
_____
_____
_____
_____
_____
_____
_____

Memories:
_____
_____
_____

Recipe _____ By _____

🍽 Serves___ ⏰ Cooking Time___:___ 👨‍🍳 Difficulty____

🥑 Ingredients:
_____
_____
_____
_____
_____

🍽 Method:
_____
_____
_____
_____
_____
_____
_____
_____
_____

💡 Memories:
_____
_____
_____

Recipe _____ By _____

Serves ___ Cooking Time ___ : ___ Difficulty ___

Ingredients:
_____
_____
_____
_____
_____
_____

Method:
_____
_____
_____
_____
_____
_____
_____
_____
_____
_____
_____

Memories:
_____
_____
_____

Recipe _____ By _____

🍽 Serves___ ⏰ Cooking Time___:___ 👨‍🍳 Difficulty____

🥑 Ingredients:
_____
_____
_____
_____
_____
_____

🔔 Method:
_____
_____
_____
_____
_____
_____
_____
_____
_____
_____
_____

💡 Memories:
_____
_____
_____

Recipe _____ By _____

Serves___ Cooking Time___:___ Difficulty____

Ingredients:
_____
_____
_____
_____
_____
_____

Method:
_____
_____
_____
_____
_____
_____
_____
_____
_____
_____
_____
_____

Memories:
_____
_____
_____

Recipe _____ By _____

🍽 Serves ___ ⏰ Cooking Time ___ : ___ 👨‍🍳 Difficulty ___

🥑 Ingredients:
_____
_____
_____
_____
_____

🍲 Method:
_____
_____
_____
_____
_____
_____
_____
_____
_____
_____

💡 Memories:
_____
_____
_____

Recipe _____ By _____

Serves ___ Cooking Time ___:___ Difficulty ___

Ingredients:
_____
_____
_____
_____
_____

Method:
_____
_____
_____
_____
_____
_____
_____
_____
_____
_____

Memories:
_____
_____
_____

Recipe _____ By _____

🍽 Serves ___   ⏰ Cooking Time ___ : ___   👨‍🍳 Difficulty ___

🥑 Ingredients:
_____
_____
_____
_____
_____
_____

🍽 Method:
_____
_____
_____
_____
_____
_____
_____
_____
_____
_____

💡 Memories:
_____
_____
_____

Recipe _____ By _____

Serves___ Cooking Time___:___ Difficulty____

Ingredients:
_____
_____
_____
_____
_____
_____

Method:
_____
_____
_____
_____
_____
_____
_____
_____
_____
_____

Memories:
_____
_____
_____

Recipe _____ By _____

🍽 Serves___ ⏰ Cooking Time___:___ 👨‍🍳 Difficulty____

🥑 Ingredients:
_____
_____
_____
_____
_____
_____

🍽 Method:
_____
_____
_____
_____
_____
_____
_____
_____
_____
_____
_____

💡 Memories:
_____
_____
_____

Recipe _____ By _____

🍽 Serves___ ⏰ Cooking Time___:___ 👨‍🍳 Difficulty____

🥑 Ingredients:
_____
_____
_____
_____
_____

🍽 Method:
_____
_____
_____
_____
_____
_____
_____
_____
_____
_____

💡 Memories:
_____
_____
_____

Recipe _____ By _____

🍽 Serves ___ ⏰ Cooking Time ___:___ 👨‍🍳 Difficulty ____

🥑 Ingredients:
_____
_____
_____
_____
_____

🍽 Method:
_____
_____
_____
_____
_____
_____
_____
_____
_____
_____

💡 Memories:
_____
_____
_____

Recipe _____ By _____

🍽 Serves___ ⏰ Cooking Time___:___ 👨‍🍳 Difficulty____

🥑 Ingredients:
_____
_____
_____
_____
_____
_____

🍽 Method:
_____
_____
_____
_____
_____
_____
_____
_____
_____
_____
_____

💡 Memories:
_____
_____
_____

Recipe _____ By _____

🍽 Serves ___ ⏰ Cooking Time ___ : ___ 👨‍🍳 Difficulty ___

🥑 Ingredients:

_____
_____
_____
_____
_____

🍽 Method:

_____
_____
_____
_____
_____
_____
_____
_____
_____
_____

💡 Memories:

_____
_____
_____

Recipe _____ By _____

Serves ___   Cooking Time ___ : ___   Difficulty ___

Ingredients:
_____
_____
_____
_____
_____
_____

Method:
_____
_____
_____
_____
_____
_____
_____
_____
_____
_____
_____

Memories:
_____
_____
_____

Recipe _____ By _____

🍽 Serves ___ ⏰ Cooking Time ___:___ 👨‍🍳 Difficulty ___

🥑 Ingredients:

_____
_____
_____
_____
_____

🍽 Method:

_____
_____
_____
_____
_____
_____
_____
_____
_____
_____

💡 Memories:

_____
_____
_____

Recipe _____ By _____

Serves ___   Cooking Time ___ : ___   Difficulty ___

Ingredients:
_____
_____
_____
_____
_____
_____

Method:
_____
_____
_____
_____
_____
_____
_____
_____
_____
_____
_____
_____

Memories:
_____
_____
_____

Recipe _____ By _____

🍽 Serves___ ⏰ Cooking Time___:___ 👨‍🍳 Difficulty____

🥑 *Ingredients:*
_____
_____
_____
_____
_____
_____

🍽 *Method:*
_____
_____
_____
_____
_____
_____
_____
_____
_____
_____

💡 *Memories:*
_____
_____
_____

Recipe _____ By _____

🍽 Serves ___ ⏰ Cooking Time ___ : ___ 👨‍🍳 Difficulty ___

🥑 Ingredients:
_____
_____
_____
_____
_____
_____

🍽 Method:
_____
_____
_____
_____
_____
_____
_____
_____
_____
_____
_____

💡 Memories:
_____
_____
_____

Recipe _____ By _____

🍽 Serves___ ⏰ Cooking Time___:___ 👨‍🍳 Difficulty____

🥑 Ingredients:

_____
_____
_____
_____
_____
_____

🍽 Method:

_____
_____
_____
_____
_____
_____
_____
_____
_____
_____
_____

💡 Memories:

_____
_____
_____

Recipe _____ By _____

Serves __ Cooking Time __:__ Difficulty ____

Ingredients:
_____
_____
_____
_____
_____
_____

Method:
_____
_____
_____
_____
_____
_____
_____
_____
_____
_____
_____

Memories:
_____
_____
_____

Recipe _____ By _____

Serves ___ Cooking Time ___ : ___ Difficulty ___

Ingredients:
_____
_____
_____
_____
_____

Method:
_____
_____
_____
_____
_____
_____
_____
_____
_____
_____

Memories:
_____
_____
_____

Recipe _____ By _____

🍽 Serves___ ⏰ Cooking Time___:___ 👨‍🍳 Difficulty____

🥑 Ingredients:
_____
_____
_____
_____
_____
_____

🍽 Method:
_____
_____
_____
_____
_____
_____
_____
_____
_____
_____
_____

💡 Memories:
_____
_____
_____

Recipe _____ By _____

Serves ___   Cooking Time ___ : ___   Difficulty ___

Ingredients:
_____
_____
_____
_____
_____
_____

Method:
_____
_____
_____
_____
_____
_____
_____
_____
_____
_____

Memories:
_____
_____
_____

Recipe _____ By _____

🍽 Serves___ ⏰ Cooking Time___:___ 👨‍🍳 Difficulty____

🥑 Ingredients:
_____
_____
_____
_____
_____

🍽 Method:
_____
_____
_____
_____
_____
_____
_____
_____
_____
_____

💡 Memories:
_____
_____
_____

Recipe _____ By _____

🍽 Serves __ ⏰ Cooking Time __:__ 👨‍🍳 Difficulty ____

Ingredients:
_____
_____
_____
_____
_____

Method:
_____
_____
_____
_____
_____
_____
_____
_____
_____
_____

Memories:
_____
_____
_____

Recipe _____ By _____

🍽 Serves___ ⏰ Cooking Time___:___ 👨‍🍳 Difficulty____

🥑 Ingredients:
_____
_____
_____
_____
_____
_____

🍽 Method:
_____
_____
_____
_____
_____
_____
_____
_____
_____
_____
_____

💡 Memories:
_____
_____
_____

Recipe _____ By _____

Serves ___   Cooking Time ___ : ___   Difficulty ____

Ingredients:
_____
_____
_____
_____
_____

Method:
_____
_____
_____
_____
_____
_____
_____
_____
_____
_____

Memories:
_____
_____
_____

Recipe _____ By _____

🍽 Serves ___   ⏰ Cooking Time ___ : ___   👨‍🍳 Difficulty ___

🥑 Ingredients:
_____
_____
_____
_____
_____
_____

🍽 Method:
_____
_____
_____
_____
_____
_____
_____
_____
_____
_____
_____

💡 Memories:
_____
_____
_____

Recipe _____ By _____

🍽 Serves___ ⏰ Cooking Time___:___ 👨‍🍳 Difficulty____

🥑 Ingredients:
_____
_____
_____
_____
_____
_____

🍲 Method:
_____
_____
_____
_____
_____
_____
_____
_____
_____
_____
_____

💡 Memories:
_____
_____
_____

44

Recipe _____ By _____

Serves ___ Cooking Time ___ : ___ Difficulty ___

Ingredients:
_____
_____
_____
_____
_____
_____

Method:
_____
_____
_____
_____
_____
_____
_____
_____
_____
_____
_____

Memories:
_____
_____
_____

Recipe _____ By _____

🍽 Serves ___ ⏰ Cooking Time ___:___ 👨‍🍳 Difficulty ___

🥑 Ingredients:
_____
_____
_____
_____
_____

🍽 Method:
_____
_____
_____
_____
_____
_____
_____
_____
_____

💡 Memories:
_____
_____
_____

Recipe _____ By _____

Serves ___   Cooking Time ___ : ___   Difficulty ___

Ingredients:
_____
_____
_____
_____
_____
_____

Method:
_____
_____
_____
_____
_____
_____
_____
_____
_____
_____
_____

Memories:
_____
_____
_____

Recipe _____ By _____

🍽 Serves ___ ⏰ Cooking Time ___ : ___ 👨‍🍳 Difficulty ___

Ingredients:
_____
_____
_____
_____
_____
_____

Method:
_____
_____
_____
_____
_____
_____
_____
_____
_____
_____

Memories:
_____
_____
_____

Recipe _____ By _____

🍽 Serves___ ⏰ Cooking Time___:___ 👨‍🍳 Difficulty____

🥑 Ingredients:
_____
_____
_____
_____
_____
_____

🍽 Method:
_____
_____
_____
_____
_____
_____
_____
_____
_____
_____
_____
_____

💡 Memories:
_____
_____
_____

Recipe _____ By _____

Serves___ Cooking Time___:___ Difficulty____

Ingredients:
_____
_____
_____
_____
_____
_____

Method:
_____
_____
_____
_____
_____
_____
_____
_____
_____
_____

Memories:
_____
_____
_____

50

Recipe _____ By _____

🍽 Serves___ ⏰ Cooking Time___:___ 👨‍🍳 Difficulty____

🥑 Ingredients:
_____
_____
_____
_____
_____
_____

🍽 Method:
_____
_____
_____
_____
_____
_____
_____
_____
_____
_____

💡 Memories:
_____
_____
_____

Recipe _____ By _____

Serves___ Cooking Time___:___ Difficulty____

Ingredients:
_____
_____
_____
_____
_____
_____

Method:
_____
_____
_____
_____
_____
_____
_____
_____
_____
_____

Memories:
_____
_____
_____

Recipe _____ By _____

🍽 Serves ___ ⏰ Cooking Time ___ : ___ 👨‍🍳 Difficulty ___

🥑 Ingredients:

_____
_____
_____
_____
_____
_____

🍽 Method:

_____
_____
_____
_____
_____
_____
_____
_____
_____
_____

💡 Memories:

_____
_____
_____

Recipe _____ By _____

🍽 Serves___ ⏰ Cooking Time___:___ 👨‍🍳 Difficulty____

🥑 Ingredients:
_____
_____
_____
_____
_____
_____

🍽 Method:
_____
_____
_____
_____
_____
_____
_____
_____
_____
_____

💡 Memories:
_____
_____
_____

Recipe _____ By _____

Serves ___   Cooking Time ___ : ___   Difficulty ____

Ingredients:
_____
_____
_____
_____
_____
_____

Method:
_____
_____
_____
_____
_____
_____
_____
_____
_____
_____

Memories:
_____
_____
_____

Recipe _____ By _____

🍽 Serves___   ⏰ Cooking Time___:___   👨‍🍳 Difficulty____

🥑 Ingredients:
_____
_____
_____
_____
_____
_____

🍽 Method:
_____
_____
_____
_____
_____
_____
_____
_____
_____
_____
_____

💡 Memories:
_____
_____
_____

Recipe _____ By _____

Serves ___ Cooking Time ___:___ Difficulty ___

Ingredients:
_____
_____
_____
_____
_____
_____

Method:
_____
_____
_____
_____
_____
_____
_____
_____
_____
_____
_____

Memories:
_____
_____
_____

Recipe _____ By _____

🍽 Serves ___ ⏰ Cooking Time ___ : ___ 👨‍🍳 Difficulty ___

Ingredients:
_____
_____
_____
_____
_____

Method:
_____
_____
_____
_____
_____
_____
_____
_____
_____

Memories:
_____
_____
_____

Recipe _____ By _____

Serves ___ Cooking Time ___ : ___ Difficulty ___

Ingredients:
_____
_____
_____
_____
_____

Method:
_____
_____
_____
_____
_____
_____
_____
_____
_____

Memories:
_____
_____
_____

Recipe _____ By _____

Serves ___ Cooking Time ___ : ___ Difficulty ___

Ingredients:
_____
_____
_____
_____
_____

Method:
_____
_____
_____
_____
_____
_____
_____
_____
_____
_____

Memories:
_____
_____
_____

Recipe _____ By _____

Serves ___   Cooking Time ___ : ___   Difficulty ____

Ingredients:
_____
_____
_____
_____
_____
_____

Method:
_____
_____
_____
_____
_____
_____
_____
_____
_____
_____
_____

Memories:
_____
_____
_____

Recipe _____ By _____

Serves ___ Cooking Time ___ : ___ Difficulty ____

Ingredients:
_____
_____
_____
_____
_____
_____

Method:
_____
_____
_____
_____
_____
_____
_____
_____
_____
_____
_____

Memories:
_____
_____
_____

Recipe _____ By _____

🍽 Serves ___ ⏰ Cooking Time ___ : ___ 👨‍🍳 Difficulty ___

Ingredients:
_____
_____
_____
_____
_____
_____

Method:
_____
_____
_____
_____
_____
_____
_____
_____
_____
_____

Memories:
_____
_____
_____

Recipe _____ By _____

🍽 Serves___ ⏰ Cooking Time___:___ 👨‍🍳 Difficulty____

🥑 Ingredients:
_____
_____
_____
_____
_____
_____

🍽 Method:
_____
_____
_____
_____
_____
_____
_____
_____
_____
_____
_____

💡 Memories:
_____
_____
_____

Recipe _____ By _____

Serves ___ Cooking Time ___ : ___ Difficulty ____

Ingredients:
_____
_____
_____
_____
_____
_____

Method:
_____
_____
_____
_____
_____
_____
_____
_____
_____
_____

Memories:
_____
_____

Recipe _____ By _____

🍽 Serves __ ⏰ Cooking Time __ : __ 👨‍🍳 Difficulty ____

🥑 Ingredients:
_____
_____
_____
_____
_____

🍛 Method:
_____
_____
_____
_____
_____
_____
_____
_____
_____
_____

💡 Memories:
_____
_____
_____

Recipe _____ By _____

🍽 Serves ___ ⏰ Cooking Time ___ : ___ 👨‍🍳 Difficulty ___

Ingredients:
_____
_____
_____
_____
_____
_____

Method:
_____
_____
_____
_____
_____
_____
_____
_____
_____
_____

Memories:
_____
_____
_____

Recipe _____ By _____

Serves ___ Cooking Time ___ : ___ Difficulty ___

Ingredients:
_____
_____
_____
_____
_____
_____

Method:
_____
_____
_____
_____
_____
_____
_____
_____
_____
_____
_____

Memories:
_____
_____
_____

Recipe _____ By _____

Serves ___   Cooking Time ___ : ___   Difficulty ___

Ingredients:
_____
_____
_____
_____
_____
_____

Method:
_____
_____
_____
_____
_____
_____
_____
_____
_____
_____
_____
_____

Memories:
_____
_____
_____

Recipe _____ By _____

🍽 Serves __ ⏰ Cooking Time __:__ 👨‍🍳 Difficulty ____

🥑 Ingredients:
_____
_____
_____
_____
_____
_____

🍽 Method:
_____
_____
_____
_____
_____
_____
_____
_____
_____
_____

💡 Memories:
_____
_____
_____

Recipe _____ By _____

Serves___ Cooking Time___:___ Difficulty____

Ingredients:
_____
_____
_____
_____
_____
_____

Method:
_____
_____
_____
_____
_____
_____
_____
_____
_____
_____
_____

Memories:
_____
_____
_____

Recipe _____ By _____

Serves ___ Cooking Time ___:___ Difficulty ___

Ingredients:
_____
_____
_____
_____
_____
_____

Method:
_____
_____
_____
_____
_____
_____
_____
_____
_____
_____
_____

Memories:
_____
_____
_____

Recipe _____ By _____

🍽 Serves __ ⏰ Cooking Time __ : __ 👨‍🍳 Difficulty ____

🥑 Ingredients:
_____
_____
_____
_____
_____
_____

🍽 Method:
_____
_____
_____
_____
_____
_____
_____
_____
_____
_____
_____

💡 Memories:
_____
_____
_____

Recipe _____ By _____

🍽 Serves ___ ⏰ Cooking Time ___ : ___ 👨‍🍳 Difficulty ___

🥑 Ingredients:
_____
_____
_____
_____
_____

🍽 Method:
_____
_____
_____
_____
_____
_____
_____
_____
_____

💡 Memories:
_____
_____
_____

Recipe _____ By _____

🍽 Serves___ ⏰ Cooking Time___:___ 👨‍🍳 Difficulty____

🥑 Ingredients:
_____
_____
_____
_____
_____
_____

🍽 Method:
_____
_____
_____
_____
_____
_____
_____
_____
_____
_____
_____

💡 Memories:
_____
_____
_____

Recipe _____ By _____

🍽 Serves___   ⏰ Cooking Time___:___   👨‍🍳 Difficulty____

🥑 Ingredients:
_____
_____
_____
_____
_____

🔔 Method:
_____
_____
_____
_____
_____
_____
_____
_____
_____

💡 Memories:
_____
_____
_____

Recipe _____ By _____

Serves ___ Cooking Time ___ : ___ Difficulty ___

Ingredients:
_____
_____
_____
_____
_____

Method:
_____
_____
_____
_____
_____
_____
_____
_____
_____
_____

Memories:
_____
_____
_____

Recipe _____ By _____

🍽 Serves ___ ⏰ Cooking Time ___ : ___ 👨‍🍳 Difficulty ____

🥑 Ingredients:
_____
_____
_____
_____
_____
_____

🍽 Method:
_____
_____
_____
_____
_____
_____
_____
_____
_____
_____

💡 Memories:
_____
_____
_____

Recipe _____ By _____

🍽 Serves___ ⏰ Cooking Time___:___ 👨‍🍳 Difficulty____

🥑 Ingredients:
_____
_____
_____
_____
_____
_____

🔔 Method:
_____
_____
_____
_____
_____
_____
_____
_____
_____
_____
_____

💡 Memories:
_____
_____
_____

Recipe _____ By _____

🍽 Serves ___ ⏰ Cooking Time ___ : ___ 👨‍🍳 Difficulty ___

🥑 Ingredients:
_____
_____
_____
_____
_____

🍽 Method:
_____
_____
_____
_____
_____
_____
_____
_____
_____

💡 Memories:
_____
_____
_____

Recipe _____ By _____

🍽 Serves ___ ⏰ Cooking Time ___ : ___ 👨‍🍳 Difficulty ___

🥑 Ingredients:
_____
_____
_____
_____
_____

🍽 Method:
_____
_____
_____
_____
_____
_____
_____
_____
_____
_____

💡 Memories:
_____
_____
_____

Recipe _____ By _____

🍽 Serves ___   ⏰ Cooking Time ___ : ___   👨‍🍳 Difficulty ___

🥑 Ingredients:
_____
_____
_____
_____
_____
_____

🍽 Method:
_____
_____
_____
_____
_____
_____
_____
_____
_____
_____
_____

💡 Memories:
_____
_____
_____

Recipe _____ By _____

🍽 Serves ___ ⏰ Cooking Time ___ : ___ 👨‍🍳 Difficulty ___

🥑 Ingredients:
_____
_____
_____
_____
_____

🍽 Method:
_____
_____
_____
_____
_____
_____
_____
_____
_____
_____

💡 Memories:
_____
_____
_____

Recipe _____ By _____

Serves ___ Cooking Time ___:___ Difficulty ___

Ingredients:
_____
_____
_____
_____
_____
_____

Method:
_____
_____
_____
_____
_____
_____
_____
_____
_____
_____
_____
_____

Memories:
_____
_____
_____

Recipe _____ By _____

🍽 Serves ___   ⏰ Cooking Time ___:___   👨‍🍳 Difficulty ___

🥑 Ingredients:
_____
_____
_____
_____
_____
_____

🍽 Method:
_____
_____
_____
_____
_____
_____
_____
_____
_____
_____
_____

💡 Memories:
_____
_____
_____

Recipe _____ By _____

Serves ___   Cooking Time ___ : ___   Difficulty ____

Ingredients:
_____
_____
_____
_____
_____
_____

Method:
_____
_____
_____
_____
_____
_____
_____
_____
_____
_____

Memories:
_____
_____
_____

Recipe _____ By _____

Serves ___　Cooking Time ___:___　Difficulty ____

Ingredients:
_____
_____
_____
_____
_____
_____

Method:
_____
_____
_____
_____
_____
_____
_____
_____
_____
_____

Memories:
_____
_____
_____

Recipe _____ By _____

🍽 Serves __ ⏰ Cooking Time __ : __ 👨‍🍳 Difficulty ____

🥑 Ingredients:
_____
_____
_____
_____
_____

🍽 Method:
_____
_____
_____
_____
_____
_____
_____
_____
_____

💡 Memories:
_____
_____
_____

Recipe _____ By _____

🍽 Serves___ ⏰ Cooking Time___:___ 👨‍🍳 Difficulty____

🥑 Ingredients:
_____
_____
_____
_____
_____
_____

🍽 Method:
_____
_____
_____
_____
_____
_____
_____
_____
_____
_____
_____

💡 Memories:
_____
_____
_____

Recipe _____ By _____

🍽 Serves ___ ⏰ Cooking Time ___ : ___ 👨‍🍳 Difficulty ____

🥑 Ingredients:
_____
_____
_____
_____
_____
_____

🍽 Method:
_____
_____
_____
_____
_____
_____
_____
_____
_____
_____
_____

💡 Memories:
_____
_____
_____

Recipe _____ By _____

Serves ___   Cooking Time ___ : ___   Difficulty ____

Ingredients:

_____
_____
_____
_____
_____
_____

Method:

_____
_____
_____
_____
_____
_____
_____
_____
_____
_____
_____

Memories:

_____
_____
_____

Recipe _____ By _____

Serves ___   Cooking Time ___ : ___   Difficulty ___

Ingredients:
_____
_____
_____
_____
_____

Method:
_____
_____
_____
_____
_____
_____
_____
_____
_____

Memories:
_____
_____
_____

Recipe _____ By _____

Serves ___ Cooking Time ___ : ___ Difficulty ___

Ingredients:
_____
_____
_____
_____
_____
_____

Method:
_____
_____
_____
_____
_____
_____
_____
_____
_____
_____

Memories:
_____
_____
_____

Recipe _____ By _____

🍽 Serves ___   ⏰ Cooking Time ___:___   👨‍🍳 Difficulty ____

🥑 Ingredients:
_____
_____
_____
_____
_____
_____

🍽 Method:
_____
_____
_____
_____
_____
_____
_____
_____
_____
_____
_____

💡 Memories:
_____
_____
_____

Recipe _____ By _____

Serves ___   Cooking Time ___:___   Difficulty ____

Ingredients:
_____
_____
_____
_____
_____
_____

Method:
_____
_____
_____
_____
_____
_____
_____
_____
_____
_____

Memories:
_____
_____
_____

Recipe _____ By _____

🍽 Serves ___ ⏰ Cooking Time ___ : ___ 👨‍🍳 Difficulty ___

🥑 Ingredients:
_____
_____
_____
_____
_____

🍽 Method:
_____
_____
_____
_____
_____
_____
_____
_____
_____
_____

💡 Memories:
_____
_____
_____

Recipe _____ By _____

Serves ___   Cooking Time ___:___   Difficulty ___

Ingredients:
_____
_____
_____
_____
_____
_____

Method:
_____
_____
_____
_____
_____
_____
_____
_____
_____
_____
_____
_____

Memories:
_____
_____
_____

Recipe _____ By _____

Serves ___ Cooking Time ___ : ___ Difficulty ___

Ingredients:
_____
_____
_____
_____
_____

Method:
_____
_____
_____
_____
_____
_____
_____
_____
_____

Memories:
_____
_____
_____

Recipe _____ By _____

Serves ___   Cooking Time ___ : ___   Difficulty ___

Ingredients:
_____
_____
_____
_____
_____

Method:
_____
_____
_____
_____
_____
_____
_____
_____
_____
_____

Memories:
_____
_____
_____

Recipe _____ By _____

🍽 Serves___   ⏰ Cooking Time___:___   👨‍🍳 Difficulty____

🥑 Ingredients:
_____
_____
_____
_____
_____
_____

🍽 Method:
_____
_____
_____
_____
_____
_____
_____
_____
_____
_____

💡 Memories:
_____
_____
_____

Recipe _____ By _____

Serves ___   Cooking Time ___ : ___   Difficulty ___

Ingredients:
_____
_____
_____
_____
_____
_____

Method:
_____
_____
_____
_____
_____
_____
_____
_____
_____
_____

Memories:
_____
_____
_____

Recipe _____ By _____

Serves ___ Cooking Time ___ : ___ Difficulty ____

Ingredients:
_____
_____
_____
_____
_____

Method:
_____
_____
_____
_____
_____
_____
_____
_____
_____
_____

Memories:
_____
_____
_____